COLLECTION DE M. K··· *Kaminski*

GRAVURES

EAUX FORTES MODERNES

LITHOGRAPHIES

DONT LA VENTE AURA LIEU

HOTEL DES COMMISSAIRES PRISEURS, RUE DROUOT, 5

SALLE N° 4

LE JEUDI 2 JUIN 1881

à une heure et demie.

M⁰ MAURICE DELESTRE | M. CH. DELORIÈRE

COMMISSAIRE PRISEUR | MARCHAND D'ESTAMPES

Rue Drouot, 27. | Rue de Seine, 15.

PARIS — 1881

PARIS

IMPRIMERIE LÉAUTEY

RUE SAINT-GUILLAUME, 24.

GRAVURES

ET

EAUX FORTES MODERNES

LITHOGRAPHIES

DONT LA VENTE AURA LIEU

HOTEL DES COMMISSAIRES PRISEURS, RUE DROUOT, 5

SALLE N° 4

LE JEUDI 2 JUIN 1881

à une heure et demie.

Mᵉ MAURICE DELESTRE
COMMISSAIRE PRISEUR
Rue Drouot, 27.

M. CH. DELORIÈRE
MARCHAND D'ESTAMPES
Rue de Seine, 15.

PARIS — 1881

CONDITIONS DE LA VENTE

Elle sera faite au comptant.

Les adjudicataires payeront *cinq pour cent* en sus des enchéres.

M. DELORIÈRE, chargé de la vente, se réserve la faculté de rassembler ou de diviser les lots.

La collection sera visible chez M. DELORIÈRE, à partir du 20 mai et à l'Hôtel avant la vente.

M. DELORIÈRE remplira les commissions qui lui seront confiées.

DÉSIGNATION

ANONYME.

1. Pêcheur. — Charmante petite eau-forte en deux états, épreuves sur vieux papier.

BERTINOT (G).

2. Portrait de Van Dyck. — Belle épreuve d'artiste sur chine.

BOILVIN.

3. Les Charmeurs, d'après Fortuny. — Belle épreuve sur hollande avant lettres.

BONINGTON.

4. Bologne. — Eau-forte originale. — Belle épreuve.

BRACQUEMOND.

5. Portrait d'Erasme, d'après Holbein. — Superbe épreuve sur japon avant toutes lettres, signée par l'artiste.

6. Un Figurant. — Belle épreuve sur japon avant toutes lettres.

7. G. de Nerval, Balzac, Courbet, Wagner. Quatre portraits sur la même planche. — Belle épreuve tirée sur papier ancien.

8. Les Oies. — 1er état avant le ciel. — Très belle épreuve sur japon, signée.

9. La même pièce. — 2e état. — Très belle épreuve sur japon, signée.

10. Portrait de M. Auguste Comte. — Très belle épreuve sur hollande.

BRACQUEMOND (SUITE).

11. Le petit Pêcheur. — Très-belle épreuve sur papier ancien. Rare.

12. Vieille Femme et son enfant, d'après H. Fragonard. — Épreuve sur chine remonté.

13. Don Quichotte, d'après Goya. — Belle épreuve avant la lettre sur chine.

14. Les Taupes. — Superbe épreuve avant lettres sur papier ancien, signée.

15. Ils s'en allaient dodelinant, etc. — Belle épreuve avant lettre sur japon.

16. Le haut d'un battant de porte. — Belle épreuve sur chine avec la lettre tracée à la pointe.

17. La même pièce. — Épreuve sur japon.

18. La Servante, d'après Leys. — Superbe et rare épreuve d'état sur japon avant beaucoup de travaux, notamment dans les fonds.

19. La même pièce. — Belle épreuve.

CALAMATTA (L).

20. Portrait de la reine Isabelle d'Espagne, d'après F. de Madrazo. — Très belle épreuve avec dédicace, signée.

CASANOVA.

21. Le Sourd. — Très belle épreuve sur japon.

CHAPLIN.

22. L'Embarquement pour l'île de Cythère, d'après Watteau. — Belle épreuve sur chine.

CHARLET.

23. Croquis et pochades. — Eaux-fortes. — Croquis à la plume. — Sujets d'albums et autres. — Ensemble cent quatre-vingt-cinq pièces.

CHAUVET.

24. La Mare (Forêt de Fontainebleau), d'après Th. Rousseau. — Très belle épreuve sur japon avant lettres.

COURTRY (Ch.)

25. La mort de Marceau, d'après J.-P. Laurens. — Superbe
épreuve d'artiste, sur chine, signée.

26. Intérieur, d'après Pieter de Hooch. — Belle épreuve sur
chine avant lettres.

27. Tête de femme, Pointe sèche. — Belle épreuve sur japon,
signée.

28. Intérieur d'une église espagnole, d'après Robert Fleury. —
Belle épreuve sur chine avant lettres.

29. Milton dictant le Paradis perdu à ses filles, d'après Munkaczi.
— Superbe épreuve sur japon, signée.

30. La même pièce, — Epreuve du 1er état sur hollande.

DAUBIGNY (Ch.)

31. Lever de lune dans la vallée d'Andilly. — (Cat. F. Henriet,
nº 47.) Belle épreuve du 2e état. Cette charmante petite
pièce, exécutée pour l'éditeur Curmer, n'a jamais été
publiée.

32. L'Ane à l'abreuvoir. — (H. 61.) Superbe épreuve avant la
planche coupée et avant l'adresse, état non décrit, tirée
sur vieux papier. Rare.

33. Le Buisson, d'après Ruysdael. — (H. 73.) Belle épreuve
avant lettres.

34. Le Coup de Soleil, d'après Ruysdael. — (H. 79.) Belle épreuve
avant lettres.

35. Lever de lune. — (H. 89.) Très belle épreuve sur chine du
1er état avant la planche coupée.

36. Voyage en bateau. — (H. 90.) Croquis à l'eau-forte, suite
de quinze pièces. — Bel exemplaire sur papier de Hollande.

37. Le Paysagiste en bateau. — (H. 109.) Epreuve d'artiste sur
chine avant le nom et l'adresse de l'imprimeur.

38. L'Arbre aux corbeaux. — (H. 110.) Belle épreuve.

39. Les Bergers. — (H. 112). Superbe épreuve d'état sur chine,
avant que la planche ne fût mise à l'effet, et avant les
changements.

DAUBIGNY (SUITE).

40. La même pièce. — Belle épreuve sur chine avant lettre.

41. Clair de lune à Valmondois. — Belle épreuve sur chine avant lettres.

42. Eaux-fortes diverses. Quinze pièces, dont dix sur chine et avant lettres.

DECAMPS (par et d'après).

43. Gravures, eaux-fortes et lithographies, sujets divers. — Ensemble cinquante pièces.

43 *bis*.   Porcs. — Sujet libre. Pièce sur chine, extrèmement rare.

DELACROIX (EUGÈNE).

44. Un seigneur du temps de François Ier. — Très belle épreuve du 2e état sur japon collé.

45. Le Christ au roseau. — Soldat cuirassé. — Chef Maure. Trois pièces, dont deux sur chine. — Belles épreuves.

DORÉ (GUSTAVE).

46. Lion. — Eau-forte originale. — Belle épreuve.

DUFEU.

47. Voyage en Egypte. Treize pièces sur chine. — Dédicace à Ch. Daubigny. — Belles épreuves.

DUPONT (HENRIQUEL).

48. La Vierge et l'Enfant Jésus, d'après Raphaël. — Superbe épreuve sur chine avant toutes lettres.

EVERSHED.

49. Bords de la Tamise. — Twickenham. Deux pièces. — Belles épreuves avant lettres.

FLAMENG (LÉOPOLD).

50. L'heure du rendez-vous. — La Liseuse. Deux pièces, d'après Toulmouche. — Superbes épreuves avant lettres sur parchemin.

FLAMENG (SUITE).

51. La Source, d'après Ingres. — Superbe épreuve sur chine avant toutes lettres.

52. La même pièce. — Epreuve avant lettres.

53. Portrait de Mᵐᵉ Pasca, d'après Bonnat. — Belle épreuve sur japon avant lettres.

54. La Naissance de Vénus, d'après Cabanel. — Superbe épreuve sur chine avant toutes lettres.

55. Concert de famille, d'après Jean Steen. — Superbe épreuve sur japon avant toutes lettres.

56. Saint Sébastien, d'après Léonard de Vinci. — Belle épreuve sur chine avant lettres, les noms à la pointe.

FRANÇOIS (Ach.).

57. La Vierge de Manchester, d'après Michel Ange. — Superbe épreuve d'artiste.

58. La Naissance de Vénus, d'après Cabanel. — Superbe épreuve d'artiste sur chine, signée.

FRANÇOIS (J.)

59. Le Galant Militaire, d'après G. Terburg. — Très belle épreuve avant lettres.

GAILLARD (P.)

60. Le Crépuscule, d'après Michel Ange. — Belle épreuve d'artiste sur chine; premier état terminé avant la planche coupée.

61. La Petite Fille à la Poupée. — Belle épreuve sur hollande, signée.

62. Portrait du Pape Pie IX. — Superbe épreuve d'essai sur parchemin.

63. Saint Sébastien. — Superbe épreuve sur japon, signée par l'artiste.

64. Portrait de Dom Guéranger. — Superbe épreuve d'artiste sur chine, avant le cachet et les noms, signée.

65. OEdipe, d'après Ingres. — Superbe épreuve d'artiste avec les noms à la pointe, sur chine.

GAILLARD (SUITE).

66. La Vierge et l'enfant Jésus, d'après Botticelli. — Superbe épreuve sur chine avant toutes lettres, signée.

67. L'Homme à l'OEillet, d'après Van Eyck. — Superbe épreuve sur chine avant toutes lettres, le nom à la pointe.

68. Vierge, d'après Jean Bellin. — Très belle épreuve d'artiste sur chine, le nom à la pointe.

GÉRICAULT.

69. Etudes de chevaux. — Lion dévorant un cheval. Pièces publiées chez Mme Hulin, et autres. — Ensemble vingt-cinq pièces. — Belles épreuves.

GÉRICAULT (d'après).

70. Sujets divers, par Jayler, Volmar, etc. — Ensemble trente pièces.

GÉROME.

71. La Mort du Sénateur. — Belle épreuve sur hollande.

72. Le Fumeur turc. — Belle épreuve sur chine avant lettres.

73. Tête de négresse. — Belle épreuve sur chine avant lettres.

GREUX (G.).

74. La Lecture, d'après J.-G. Vibert. — Belle épreuve d'état sur chine.

GUÉRARD.

75. Tête de chat. — Deux états. — Belles épreuves, dont une sur papier bleu.

76. Tête de négresse. — Belle épreuve, tirée en deux couleurs.

LA GUILLERMIE.

77. Le Cavalier, d'après F. Hals. — Belle épreuve sur chine avant lettres.

INGRES (d'après).

78. Angélique. — L'Odalisque à l'Esclave. Deux pièces gra-
vées par L. Flameng et Hassoulier. — Belles épreuves
sur chine, dont une avant lettres.

79. Angélique, gravé par Desvachez. — Superbe épreuve d'artiste sur chine avant lettre, signée.

ISABEY (E.).

80. Radoub d'une barque. — Environs de Dieppe. — Retour au
port. — Rue des Gras, à Clermont. Quatre pièces. —
Belles épreuves sur chine.

JACQUE (Ch.)

EAUX-FORTES.

81. Tête de vieillard. — (Cat. J.-J. Guiffrey, 18.) Très belle
épreuve du 1er état avant la planche coupée, dont il n'a
été tiré que trois épreuves.

82. Paysage. (30.) — Mendiants. (31.) — Deux pièces. — Belles
épreuves tirées sur la même feuille.

83. Paysage, d'après Rembrandt. (76.) — Belle épreuve sur
chine.

84. Laboureurs. — (79.) Belle épreuve du 1er état sur chine.

85. Troupeau de porcs. — (85.) Superbe épreuve du 1er état,
dite au Cochon noir, avec le C. J. — Très rare.

86. La même pièce. — (85). Belle épreuve du 3e état.

87. Porcs couchés. — (71.) Belle épreuve sur chine. Bon à tirer.

88. Paysage. — Animaux. — (144). Belle épreuve sur chine.

89. Une femme donnant à manger à des porcs. — Belle épreuve.

90. **La Bergerie.** — (161.) Pièce capitale du maître. —
Superbe et rare épreuve, tirée en bistre sur chine, toute
marge, signée par l'artiste.

91. La Souricière. — (162.) Belle épreuve sur chine avec les
vers, mais avant les mots : Gazette des beaux-arts.

92. La Maréchalerie. — (208.) Superbe épreuve du 1er état.
Rare.

93. La même pièce. — Belle épreuve sur chine avec lettres.

JACQUE (SUITE).

94. L'Orage. — (212 *bis*.) Belle épreuve sur chine avant lettres.

95. Paysage, d'après Van der Neer. — Belle épreuve sur chine avant lettres.

96. Eplucheuse de légumes. — Forgeron. — Les Liseurs. — Sujets divers. Trente-cinq pièces. — Belles épreuves.

POINTES SÈCHES.

97. Mendiants. — (233.) Belle épreuve, tiré à vingt exemplaires.

98. Le Cavalier. — (248.) Belle épreuve, tiré à vingt exemplaires.

99. L'Abreuvoir. — (259.) Belle épreuve, tiré à vingt-cinq exemplaires.

100. Paysage. — Chevaux. — (261.) Belle épreuve, tiré à vingt-cinq exemplaires.

101. La Forge. — (256.) Belle épreuve, tiré à vingt exemplaires.

JACQUEMART (JULES).

102. Son Portrait. Pointe sèche, par Desboutin. — Belle épreuve sur japon avant lettres.

103. Le Soldat et la Fille qui rit. — Belle épreuve sur chine avant lettres.

104. Trépied de Gouthières. — Belle épreuve avant lettres sur hollande.

105. Chez Berne Bellecour. — Belle épreuve sur japon.

106. Bijoux de la Collection du prince Czartoryski. — Belle épreuve avant lettre sur hollande.

107. Wilhem Van Heythuysen, d'après F. Hals. — Belle épreuve avant lettres.

108. Miroir français du xvie siècle. — Belle épreuve avant lettres sur hollande.

109. Vénus Marine. — Belle épreuve sur hollande avant lettres.

110. The metropolitan museum of art. Etchings of pictures in the metropolitan museum. New-York, Etched by Jules Jacquemart. London, P. and D. Colnaghi, 1871, in-fol. Suite de douze planches, plus le titre, d'après des peintures du musée de New-York. — Très bel exemplaire du tirage avant la lettre sur papier de Hollande.

JACQUEMART (SUITE).

111. Armes orientales. — Belle épreuve avant lettres.

112. Fête dans une auberge, d'après Ostade. — Belle épreuve sur hollande avant lettres et avant le cuivre coupé.

113. Portrait de Rembrandt. — Belle épreuve avant lettres.

114. Table en buis sculpté dans le style Louis XVI, composé par M. Beurdeley. — Très belle épreuve avant la lettre sur japon.

115. Bijoux antiques du musée Campana. Deux pièces. — Belles épreuves avant la lettre.

116. La Veuve et l'Enfant, d'après J. Reynolds. — Superbe épreuve avant la signature, sur grand papier de Hollande.

117. La Musique, d'après Van der Helst. — Très belle épreuve avant lettres sur japon.

JONGKIND.

118. Vues de Hollande. Cahier de six eaux-fortes, plus le titre. — Sept pièces, belles épreuves.

LEFORT (H.).

119. Le Harem, d'après E. Delacroix. — Très belles épreuves d'artiste sur japon avec la remarque, signée.

120. La même pièce. — Belle épreuve du 1er état.

LEYS (H.).

121. Promenade hors les murs. — Belle épreuve sur hollande avant lettres.

122. Les Archers. — Très belle épreuve.

123. Le Violoniste. — Superbe épreuve sur japon d'une pièce rare.

124. Intérieur de Luther. — Belle épreuve avant lettres.

125. Une visite chez l'imprimeur Plantin à Anvers. — Superbe et rare épreuve sur japon.

LONGUEVILLE (C.).

126. Sur terre et sur mer. — Douze eaux-fortes, belles épreuves avant lettre sur chine, dans une couverture.

MADOU.

8 127. Album contenant cinquante-deux lithographies. — Belles
épreuves.

MANET (E.).

50 128. Eaux-fortes. — Dix pièces, superbes épreuves avant lettres
sur japon, dans la couverture de publication, tiré à 150
exemplaires, n° 24.

MARTINET (A.).

129. La Nativité, d'après Murillo. — Belle épreuve sur chine
avant lettres.

MEISSONIER (E.).

130. Le Fumeur assis. — Très belle épreuve sur chine.

131. Les Petits Reîtres. — Belle épreuve sur chine.

132. La même pièce. — Très belle épreuve sur japon.

133. Le Polichinelle. — Très belle épreuve, toute marge.

134. Le Sergent recruteur. — Très belle épreuve sur grand chine.

135. La même pièce. — Belle épreuve sur hollande.

MEISSONIER (d'après).

136. Un Gentilhomme, gravé par Ch. Blanc. — Belle épreuve
avant lettre.

137. La Cavalcade. — La Barricade. Deux Pièces, par de Mare.
— Belles épreuves avant lettre sur japon.

138. Le Joueur de guitare, par Courtry. — Belle épreuve sur
chine avant lettre.

139. Portrait de A. Dumas fils, par Mongin. — Très belle épreuve
sur chine avant lettre, signée.

140. Le Liseur, gravé par Rajon. — Belle épreuve.

141. Le Peintre, gravé par Rajon. — Belle épreuve.

142. Les Amateurs de Tableaux, par L. Flameng. — Belle
épreuve sur chine avant lettre.

MEISSONIER d'après (SUITE).

143. Soldats. gravé par L. Flameng. — Superbe épreuve d'artiste sur japon. Rare.

144. Les Amateurs de Dessins. par Jules Jacquemart. — Très belle épreuve avec le nom de Meissonier, tirée sur papier ancien très curieux.

145. La même pièce. — Très belle épreuve sur chine, même état.

146. Le Liseur, gravé par Jules Jacquemart. — Très belle épreuve avant la lettre sur hollande.

147. Défilé des populations lorraines à Nancy, gravé par J. Jacquemart. — Très belle épreuve d'état avant la signature et les travaux du groupe du fond.

148. La même pièce. — Très belle épreuve terminée.

149. Un Gentilhomme, gravé par Lalauze. — Très belles épreuves des 1er, 2e état et terminée. Trois pièces.

150. Les Frères Lenain, gravé par Courtry. — Très belle épreuve d'artiste sur hollande, signée.

151. L'Ordonnance, gravé par Mongin. — Très belle épreuve sur chine volant.

152. Une lecture chez Diderot, gravé par Mongin. — Très belle épreuve sur japon, signée.

153. La Chanson, gravé par Mongin. — Très belle épreuve sur hollande, avant-dernier état, signée.

154. Le Liseur, gravé par Carey. — Très belle épreuve avant lettre sur chine.

155. Eaux-fortes, lithographies et bois. d'après Meissonier, par divers artistes. Vingt pièces.

J.-F. MILLET.

156. Femme faisant manger son enfant. — Belle épreuve sur chine avant la planche coupée.

157. Les Glaneuses. — Très belle épreuve sur chine, avant l'adresse de Delattre.

MONGIN.

158. Sur la Grande Route, d'après Glandini. — Très belle épreuve sur japon avec la remarque, signée.

MONGIN (SUITE).

159. Portrait de M. Ch. Moxon, d'après Orchardson. — Superbe épreuve sur japon, signée.

160. Le Toreador, d'après Vibert. — Belle épreuve sur chine.

161. Portrait de Mme Orchardson. — Superbe épreuve sur japon, signée.

PARIS (O.).

162. Bergerie. — Belle épreuve sur chine avant lettre.

RAFFET.

163. La Prise de Constantine. — La Retraite de Constantine. Dix-huit pièces. — Belles épreuves sur chine. (Manque les deux titres.)

164. Combat d'Oued-Alleg. — Le Réveil. Deux pièces. — Belles épreuves sur chine.

165. La Revue nocturne. — Belle épreuve sur chine.

166. Le Drapeau du 17e léger. — S. A. R. Mgr le duc d'Aumale. — Le Colonel du 17e léger. Trois pièces. — Belles épreuves sur chine.

RAJON (P.).

167. Portrait d'une Dame de la famille de Brignole, d'après Paris Bordone. — Très belle épreuve sur chine.

168. **Portrait de Darwin.** — Pièce capitale du graveur. — Superbe épreuve d'essai sur japon, signée par l'artiste. Rare dans cette condition (avant le nom de Darwin).

169. Le Peintre, d'après Meissonier. — Superbe épreuve d'état sur papier de hollande.

170. Le Liseur, d'après Meissonier. — Très belle épreuve d'essai sur papier de hollande.

171. Salomé, d'après H. Regnault. — Très belle épreuve sur chine avant toutes lettres.

172. Le Serment de Vargas, d'après Gallait. — Belle épreuve avant lettre sur chine.

173. Le Pitre (Pour les sonnets et eaux-fortes). — Très belle épreuve d'état sur papier de hollande.

RAJON (SUITE).

174. La Ratisseuse, d'après Maes. — Superbe épreuve avant
lettre, tirée sur vieux papier. Très rare.

175. Portrait d'Homme assis. — Belle épreuve avant lettre.

176. Un Mariage protestant, d'après Brion. — Belle épreuve
avant toutes lettres sur hollande.

177. Le Muezzin, d'après J.-L. Gérome. — Très belle épreuve
d'état sur hollande.

178. Tête de femme. — Portrait d'homme. Deux pièces. —
Épreuves sur chine et japon, avant lettre. Rare.

179. Rixe dans un cabaret en Alsace, d'après Vautier. — Très
belle épreuve avant la lettre sur chine.

ROUSSEAU (E.).

180. Portrait d'homme, d'après Francia. — Très belle épreuve
d'artiste.

ROUSSEAU (Th.).

181. Les Chênes de Roche. — Très belle épreuve avant lettre
sur hollande.

ROYBET.

182. Un Fou sous Henri III. — Belle épreuve sur papier de hollande avant lettre.

SEYMOUR HADEN (F.).

183. Fulham. — Trois états différents : deux sur papier de
hollande, un sur japon. Trois pièces. — Superbes
épreuves. (Sera divisé.)

184. La Tamise à Old Chelsea. — Superbe épreuve sur papier
de hollande, grandes marges.

185. Ecluse d'Egham. — Belle épreuve sur papier vergé.

TISSOT (J.).
POINTES SÈCHES.

186. Les Emigrants. — Superbe épreuve, signée par l'artiste.

187. Mavourneen. — Superbe épreuve, signée.

TISSOT (SUITE).

188. Rêverie. — Superbe épreuve, signée.
189. Sea Side. — Superbe épreuve, signée.
190. Le Veuf. — Superbe épreuve, signée.
191. Trafalgar Greenwich. — Superbe épreuve, signée.
192. Sur le gazon. — Superbe épreuve, signée.
193. Une Histoire ennuyeuse. — Superbe épreuve, signée.
194. Portico of national Gallery. — Superbe épreuve, signée.

VEYRASSAT (J.).

195. Maréchalerie de village. — Belle épreuve sur chine avant lettre.

WALTNER.

196. Mrs Fitzherbert, d'après G. Romney. — Belle épreuve sur chine avant lettre.
197. Portrait de Mme Vridags, d'après J.-V. Ravenstein. — Belle épreuve avant lettre sur japon.
198. Portrait de M. Vridags, d'après J.-V. Ravenstein. — Belle épreuve avant lettre sur japon.

DE WITTE (A.).

199. Etude. Pointe sèche. — Très belle épreuve sur japon.
200. La Laveuse. Pointe sèche. — Superbe épreuve sur japon.

WORMS (J.).

201. Espagnol. — Très belle épreuve avant lettre sur japon.

---

202. Sous ce numéro sera vendu un portefeuille contenant environ cent cinquante pièces diverses, eaux-fortes anciennes et modernes, lithographies.

Paris. — Impr. Léautey. rue St-Guillaume. 24.